My Life
My Stroke
My Way Back

Ein Mutmach-Buch

Trixie Josefine Krämer

Trixie Josefine Krämer

My Life * My Stroke * My Way Back

Autobiografie und Selbsthilfebuch

Impressum

Bibliografische Information der Deutschen Nationalbibliothek:
Die Deutsche Nationalbibliothek verzeichnet diese Publikation in der Deutschen Nationalbibliografie; detaillierte bibliografische Daten sind im Internet über http://dnb.dnb.de abrufbar.

Lektorat und Korrektorat: Anke Unger
Cover: Anke Unger

Herstellung und Verlag: BoD – Books on Demand, Norderstedt

ISBN: 978-3-7557-7078-7

My Life

My Stroke

My Way Back

Ein Mutmach-Buch

Ist mit einem Schlaganfall
alles vorbei?

Eine starke, tapfere Frau muss in den schwersten Kampf ihres Lebens gehen. Sie lässt uns als Beobachter auf ihr Schlachtfeld, auf dem sie gegen einen heimtückischen Feind kämpft. Dieser hat ihr heimlich ihren wertvollsten Besitz genommen – die linke Hälfte ihres Körpers.

Ein Mutmachbuch
zum Lesen und Siegen!

Die Autorin

Trixie Josefine Krämer wuchs als jüngstes von drei Geschwistern in einer ländlichen Region auf. Durch ein unglückliches Ereignis erschüttert, konnte sie das Gymnasium nicht beenden und schlitterte in eine Ehe mit einem gewalttätigen Mann, aus der sie sich jedoch befreite. Nach einem Schlaganfall kämpfte sie sich viele Jahre lang zurück ins Leben und möchte nun anderen Betroffenen helfen.

Inhaltsverzeichnis

Liebe Leserin, lieber Leser,

Sie haben einen Schlaganfall erlitten. Ist nun alles vorbei?

Keinesfalls. Es fängt gerade erst an.

Werden Sie aufstehen
und weiterkämpfen?
Es wird der schwerste
Kampf Ihres Lebens,
denn Sie bekommen es
mit dem härtesten
Gegner zu tun,
nämlich sich selbst.

TRIXIE JOSEFINE KRÄMER

In diesem Buch erzähle ich aus meinem Leben, zeige ein paar alte Fotos und berichte, wie mich der Schlaganfall traf.

Ich zeige Ihnen einen Weg, wie auch Sie Ihr Leben wieder in Ihre Hand bekommen. Lassen Sie sich darauf ein, es lohnt sich.

Ihre

Trixie Josefine Krämer

Kindheit

1. KAPITEL
Der Umzug

Die Familie Krämer bestand aus fünf Personen und lebte in ärmlichen Verhältnissen in einem kleinen Ort nahe der französischen Grenze. Da waren der Vater Georg, ein gelernter Maurer, der inzwischen aber bei der deutschen Eisenbahn arbeitete, und seine Frau Veronika, eine gebürtige Französin.

Georg und Veronika

Georg war ein ruhiger mittelgroßer Mann mit schwarzen Haaren, warmen braunen Augen und einem dicken Bauch. Er liebte den Alkohol sowie das Kartenspiel. Veronika hingegen war eine bildschöne Frau mit langen, blonden Locken und stahlblauen Augen. Mit ihrer Ausstrahlung zog sie sofort jeden Mann in ihren Bann. Keiner konnte ihrem Charme, den sie geschickt einsetzte, widerstehen. Allerdings war sie ebenso rechthaberisch, launisch, herrisch und streitsüchtig.

Drei Kinder wuchsen in dieser Familie heran. Die älteste Tochter Birgitta, Britta genannt, hatte die schwarzen Haare und die braunen Augen von Georg geerbt und die Locken von Veronika schmückten sie auch. Dann kam der Kronprinz Ralf mit blauen Augen und blonden Locken, sowie Nesthäkchen Georgina, die von allen nur kurz Gina gerufen wurde.

Die kleine Gina hatte blaue Augen. Ihre dunkelblonden Haare waren glatt, ihre Nase zierte ein dunkelroter Strich, weil die Nabelschnur sich dort verewigt harrte. Ein Makel, der sie lange Zeit sehr störte. Aber auch ein Glück, denn sie hätte ihr auch den Hals abschnüren können. Gina war klein und schmächtig. Bei einem großen Bedürfnis nach Geborgenheit war sie auch sehr liebebedürftig. Zu ihrer um zehn Jahre älteren Schwester Britta hatte sie keinen Draht. Umso mehr klammerte sie sich an den sechs Jahre älteren Ralf, der ihr Ein und Alles war.

Ralf, Britta und eine Freundin

„Georgina! Steh augenblicklich auf!“, schallte es durch die kleine Wohnung. Gina erschrak und sprang mit einem Satz aus dem Bett. So schnell sie konnte, eilte sie ins winzige Wohnzimmer zu ihren Geschwistern. Alle waren eifrig beim Packen, denn heute würden sie umziehen in einen kleinen Ort im Saarland. Dort hatten ihre Eltern ein Haus einsam im Wald gelegen erworben.

Britta stand am Fenster, sah hinaus und rief plötzlich: „Gerlinde ist da!“

Gerlinde war Veronikas Schwester, ebenfalls eine schöne Frau mit den typischen stahlblauen Augen, die allen vier Langgut-Kindern eigen waren. In dieser Familie gab es drei Mädchen, die alle Hausfrauen und Mütter waren, und einen Jungen, Marcel, der den Beruf eines Steinmetzes erlernt hatte. Das Erste, was Gina lernte, war: Frauen blieben zuhause und bekamen Kinder. Männer lernten einen Beruf. Einzig Britta, welche viel Zeit bei Georgs Eltern verbrachte, lernte eine andere Welt kennen. Denn Oma Hilde und

Opa Karl waren eine für diese Zeit bereits moderne Familie.

Schon an diesem Tag setzte sich die Abwärtsspirale in Ginas Leben in Gang, doch sie ahnte es nicht.

Die kleine Gina, zu diesem Zeitpunkt vier Jahre alt, folgte der Karawane, welche unermüdlich Kiste um Kiste nach unten trug zu einem riesigen Umzugslastwagen. Brigitta stand weinend da. Tränenbäche rannen ihr über die Wangen.

„Hör sofort mit dem Geflenne auf, oder ich gebe dir einen Grund zum Heulen“, schrie Veronika sie an. Gina hatte Mitleid mit ihrer Schwester, sie lächelte ihr aufmunternd zu und zeigte ihre blitzenden Zähne. Aus den Augenwinkeln sah sie die schnelle Handbewegung der Mama, aber es war zu spät. Im nächsten Moment bezog sie eine schallende Ohrfeige.

„Wage es nicht noch einmal, deinen Mund zu öffnen, wenn du lachst!“, herrschte die Mama sie an. Niemals in ihrem Leben würde Gina in der Lage sein, ihren Mund beim Lachen zu öffnen. Die

Abwärtsspirale bekam den ersten Schwung, nur leider nicht den letzten.

Veronika befahl den Kindern, in den Lastwagen zu steigen. Britta vorne bei den Erwachsenen und Ralf und Gina hinten auf der Ladefläche.

Gerlinde, welche als einzige Frau der Familie Langgut einen Führerschein besaß – damals steuerten Frauen kein Auto, sondern saßen höchstens auf dem Beifahrersitz – fuhr vor.

Der Umzugslaster schaukelte heftig hin und her während der Fahrt. Es war Gina unheimlich, deshalb kuschelte sie sich Gina eng an Ralf. Er legte den Arm um sie. „Es passiert nichts und es ist auch nicht weit“, tröstete er sie.

Nach einer gefühlten Ewigkeit hielt der Wagen endlich an und die Tür öffnete sich.

Ralf und Gina stiegen aus. Papa, Mama und Gerlinde standen schon dort. Der Wagen parkte direkt vor einer steilen Klamm, nur zur linken Seite führte ein schmaler Weg weiter, mitten in einen kleinen Wald hinein. Gina wusste, dass das neue Eigenheim früher einmal ein

Waisenhaus gewesen war und einsam, ohne Nachbarn, mitten im Wald lag. Diese Einsamkeit allerdings flößte ihr jetzt schon Angst ein.

Gerlinde war in den schmalen Waldweg gelaufen und kam aufgeregt rufend zurück. „Ein Auto blockiert die Durchfahrt!“, rief sie.

„Das kläre ich“, schrie Mama zurück und rannte zu dem Wagen.

„Bleib bitte nett und freundlich“, ermahnte Georg, der seine Frau nur zu gut kannte.

„Nicht mehr lange!“, rief die Mama und rannte in die Richtung der gemeldeten Blockade. Georg und die Kinder folgten ihr.

Tatsächlich stand mitten auf dem schmalen Weg ein Personenwagen, an dem es kein Vorbeikommen gab. War ihr Umzug schon gescheitert?, fragten sich alle. Veronika riss die Tür des Wagens auf und schrie dem verdutzten Mann ein: „Sofort weg hier!“ entgegen.

Das neue Haus

„Dies ist mein Weg und ich bleibe mit meinem Auto genau hier. Ihre Zufahrt geht rechts durch die Klamm“, entgegnete der Mann ruhig. Nachdem der Papa ein freundliches, ruhiges Gespräch mit ihm geführt hatte, machte der eigentlich freundliche Mann den Weg frei. Alle nahmen wieder ihre Plätze ein und der vollbeladene Wagen zockelte durch den engen Waldweg.

Sie kamen an ein großes Tor, welches weit offen stand. Hinter dem Tor gab es eine schmale steile Auffahrt, die zu dem Haus führte. Gina staunte, denn rechts und links der Auffahrt erstreckten sich große Wiesen.

So weite Flächen kannte sie bisher aus ihrer engen Wohnung mitten im Dorf nicht.

„Das alles ist unser Gelände“, prahlte Veronika voller Stolz.

Aber schon nahte das nächste Unheil. Die Auffahrt war viel zu steil. Der Umzugslaster blieb nach einem kurzen Stück des Weges stecken, es ging nicht weiter.

„Ich rufe Udo an, der kann Sie mit seinem Traktor hochziehen“, bot der Mann an, der sein Auto im Waldweg abgestellt hatte. Da er den steilen Weg kannte und genau dies geahnt hatte, war er ihnen gefolgt. „Udo kann oben durch den Wald fahren, dann ist er vor ihrem Wagen“, erklärte er und verschwand.

Nach ein paar Minuten erschien vor der Familie ein großer Traktor. Darin saß Udo.

Er befestigte ein Seil an dem Laster und meinte spöttisch, aber dennoch zuversichtlich: „Ich hab´ schon viele aus dem Dreck gezogen, das wird schon."

Er stieg in seinen Traktor und durch den Umzugswagen ging ein Ruck, als Udo zu ziehen begann. Freudig bemerkte Gina, dass sich tatsächlich etwas tat. Der Lkw kletterte etwa 80 Meter den Steilweg empor. Allerdings endete Ginas Freude schnell, denn der Traktor wurde immer langsamer und stoppte schließlich ganz. Sie waren noch längst nicht oben.

„Ich schicke ihnen Leo, der hat einen Schlepper", schlug Udo vor, wobei er Britta bewundernde Blicke zuwarf. „Damit schafft er das ohne Probleme."

Langsam keimte Hoffnung in Gina auf. Nach einer gefühlten Ewigkeit erschien der angekündigte Schlepper tatsächlich. Mühelos zog dieser den Umzugswagen bis zum Haus. Gina war froh, diese Hürde überwunden zu haben.

Nun konnte sie ihre neue Heimat kennenlernen. Ganz geheuer war ihr das riesige Gelände noch immer nicht.

„Gibt es hier Bären oder Wölfe?“, fragte sie ängstlich ihren Bruder.

„Na klar“, erklärte Ralf mit funkelnden Augen, „hier ist das Christkind ein Raubvogel!"

Ralf im Baum

Gina blieb vor Entsetzen der Mund offen stehen, aber der Papa schüttelte lachend den Kopf und tröstete seine Tochter.

Vor dem Haus befand sich ein Hof. Rechts gab es eine große Terrasse und links standen verschiedene Schuppen. Dies gefiel Gina schon mal. Nun wollte sie das Innere sehen. Durch die Eingangstür gelangte sie in eine großzügige Küche, in der ein alter gusseiserner Ofen stand. Schön sah dies aus, der Ofen hatte auf der seiner linken Seite einen Backofen und rechts die Feuerkammer. Er wurde mit Holz beheizt. In der Mitte befand sich eine Lücke unter der riesigen Herdplatte. Gina schnappte sich ihre Kuscheldecke und bereitete sich in der Mulde einen schönen Platz zurecht.

Dies wird mein Rückzugsort, dachte sie glücklich. Alles war gut und schön, sie war zufrieden.

„Ich fahre kurz mit Gerlinde mit“, informierte Veronika alle und entschwand.

Papa griff Ginas Hand und führte sie in den Hof. „Komm, ich zeige dir etwas“, meinte er und blickte sie mitleidig an, denn ihre Wange war noch immer knallrot und schmerzte. Gemeinsam gingen die durch den Hof zu der linken großen Wiese. Dort stand ein halb verfallener Hühnerstall.

„Den baue ich wieder auf. Dann halten wir uns Hühner und schau mal dort ums Eck, ein Hundezwinger. Fehlt nur der rechte Hund! Ich rede mit Mama“, schwärmte er.

Vor dem Haus

2. KAPITEL
Im neuen Heim

Zufrieden gingen beide zurück ins Haus und bald erkundeten sie zusammen alle Zimmer. Von der Küche aus gelangte man auf einen kleinen Flur. Rechts davon lag das Wohnzimmer und geradeaus ging es in das Bad. Gina kuschelte sich wieder unter den Ofen.

Da das Haus keine Heizung besaß, hing im Bad ein Boiler zum Aufheizen des Wassers. Samstags war Badetag. Gina musste mit Ralf zusammen baden, da das Befüllen und Aufheizen des Boilers sehr aufwendig war. Das Haus verfügte über eine eigene Quelle, allerdings war das Wasser eiskalt und kam nur spärlich aus der Leitung. Dies war Gina jedoch völlig egal. Papa ging nach oben, um die Betten herzurichten. Die Kinder gingen ins Wohnzimmer, um zu spielen. Dort lagen noch Matratzen auf dem Boden und die Lampe, die später für Licht sorgen sollte, lag daneben. Ralf und Gina tollten auf den

Matratzen herum, während Britta still daneben saß und sie aufforderte, nicht so wild zu sein.

Der ewige Spielverderber, dachte Gina, während sie über die Matratze rollte. Ralf ging dies nicht schnell genug, deshalb verpasste er ihr einen kräftigen Stoß. Gina rollte von der Matratze und ihr Bein krachte genau gegen die Lampe. Klirrend zerschlug das Glas und Splitter fegten in ihr Bein. Es blutete stark und schmerzte höllisch.

„Das hast du nun davon!“, kommentierte Britta und rief nach dem Papa. Der kam und versorgte Ginas Bein, so gut es ging. Leider hatte die Mama alle Pflaster und Verbände in einer Kiste verstaut, so dass Gina warten musste, bis die Mama nach Hause kam. Die helle Socke, die sie trug, war blutgetränkt und ein unaufhörlicher Blutstrom ergoss sich aus der klaffenden Wunde das ganze Bein hinab. Endlich kam die Mama nach Hause und versorgte die Verletzung. Dann schickte sie die Kinder zu Bett.

Doch Gina war zu aufgeregt, um zu schlafen, außerdem schmerzte ihr Bein. So sprang sie aufgeregt im Bett hin und her.

„Lass das oder ich rufe Mama“, drohte Britta. Doch Gina konnte gar nicht anders und machte weiter, Britta ging hinaus, kam aber gleich wieder zurück. Gina war erleichtert und sah keinen Grund aufzuhören. Dass ihre Geschwister müde waren, kam ihr nicht in den Sinn. Plötzlich erhob sich Ralf und ging wortlos hinaus. Bevor Gina sich fragen konnte, wo er hinging, kam er zurück. Gina erschrak, denn direkt hinter ihm betrat Mama das Zimmer. Sie trat an Ginas Bett und hob sie an den Armen mit einem Ruck aus dem Decken. Schweigend legte sie sie übers Knie und verpasste ihr eine gehörige Tracht Prügel. Mucksmäuschenstill ließ Gina die Prügel über sich ergehen, denn sie wusste nur zu gut, jeder Laut würde die Tortur nur verschlimmern.

Nach beendeter Strafaktion packte sie Gina ins Bett. Diese vergrub sich in ihr Kissen und ließ den Tränen freien Lauf.

Sie hasste Ralf in diesem Moment. So weinte sie sich in den Schlaf.

Am Morgen frühstückten alle zusammen in der Küche. Nur der Papa war schon zur Arbeit, er nahm einen frühen Zug. Als Eisenbahner konnten er und die ganze Familie kostenlos mit dem Zug fahren. Britta und Ralf durften sich ihr Frühstück selbst zusammenstellen. Gina bekam in Kaffee eingeweichtes Brot, das sie nicht mochte.

Veronika hatte sich entschlossen, den Führerschein zu machen, und freute sich schon auf ihre erste Fahrstunde am Nachmittag, wenn Georg wieder zuhause war. Der Tag plätscherte ohne besondere Vorkommnisse vor sich hin. Veronika bereitete das Mittagessen zu. Gina spielte ausgelassen im Gelände mit Ralf *Wettrennen*, *wer es schafft, den Baum zu erklimmen*, und *verstecken*. Gina als die Jüngere verlor alle Spiele außer dem Baumklettern – das konnte sie sehr gut. Aber das machte ihr nichts aus. Dann rief die Mama zum Essen und sie gingen in die

Küche. Es gab Linsensuppe. Alle aßen mit großem Appetit.

Am Nachmittag setzten sich die Kinder ins Wohnzimmer und spielten *Stadt, Land, Fluss.* Da Gina im Gegensatz zu den anderen noch nicht zur Schule ging und deshalb nicht schreiben konnte, mochte sie dieses Spiel nicht. Zumindest durfte sie die wenigen Antworten, die sie wusste, laut sagen. Dennoch verlor sie immer.

Später kam der Papa nach Hause und rief Gina zu sich in die Küche. Gespannt, aber auch ein wenig ängstlich machte sie sich auf den Weg. Mitten in der Küche stand Papa mit einem jungen Hund, der glänzendes schwarzes Fell hatte. Es war eine Deutsche Dogge.

„Das ist Attos", stellte er ihn vor. Gina freute sich riesig, lief auf das neue Familienmitglied zu und schlang ihre kleinen Arme um den Hals des Hundes. Dieser ließ es geduldig über sich ergehen. In dieser Nacht schlief Gina glücklich und zufrieden ein. Sie träumte von Attos, den sie sofort in ihr Herz geschlossen hatte.

Nun begann für Gina eine tolle Zeit. Britta besuchte die Großeltern, der Papa hatte Urlaub und auch Ralf war zuhause. Der Papa wollte eine Leitung von der Quelle zum Haus verlegen, damit sie fließendes Wasser im Haus hatten. Die Mama nahm eifrig Fahrstunden. Also durfte Gina jeden Tag mit den Männern rausgehen zum Arbeiten. Ohne es zu merken, wurde sie immer burschikoser. Sie tollte mit dem Hund herum, der sie immer begleitete. Sie hängte sich an seinen Hals und ließ sich von ihm ziehen. Der Hund wuchs rasant. Papa sah belustigt dem Spiel zu. Dann hob er Gina hoch und setzte sie auf den Rücken des Tieres. Von nun an durfte Gina immer auf dem Hund reiten. Dieser war auch immer erst zufrieden, wenn Gina bei ihm war. Er genoss es, die Kleine umherzutragen. In dieser Zeit wurde es üblich, dass Gina den Hund versorgte, sie fütterte und bürstete ihn jeden Tag. Die beiden waren unzertrennliche Freunde und es war für Gina eine glückliche Zeit. Leider sollte sich dies von heute auf morgen ändern.

Eines Morgens, als sie Attos sein Frühstück bringen wollte, wartete er nicht auf sie. Verwundert rief sie mehrmals nach ihm. Erst als er trotzdem nicht erschien, betrat sie seinen Zwinger und zwängte sich in seinc Hütte. Dort in der Ecke lag er und schlief.

„Steh auf, du fauler Kerl", schalt ihn Gina mehrmals. Komisch, er zeigte keine Reaktion. Verwirrt stieß Gina ihn an. Dann der Schock. Was war denn das? Erschrocken zog sie ihre Hand zurück: Der Hund war eiskalt.

„Hilfe, mit Attos stimmt was nicht!“, schrie sie lauthals und rannte ins Haus. Doch alle Hilfe kam zu spät. Attos war gestorben. So verlor Gina ihren besten Kameraden.

Veronika, die mittlerweile den Führerschein besaß, versuchte ihre Tochter zu trösten. Aber für diese war die Welt nicht mehr dieselbe und nichts konnte ihren Kummer lindern. Weinend zog sie sich in ihre Kuschelecke unter den Ofen zurück. Sie blieb dort den ganzen Tag und haderte mit dem Schicksal. Später kam Georg von der Arbeit. Gina flüchtete in seine Arme und berichtete von dem schrecklichen Ereignis.

„Komm mit“, sagte Papa, der ebenfalls sehr betroffen war. Sie gingen in den Hof, wo ein Lieferwagen stand. Papa und der Fahrer luden viele seltsame Kisten aus und trugen sie zu dem alten Hühnerstall. Diesen hatte Papa mittlerweile erneuert, so dass er prima aussah. Gina staunte und fragte sich, was geschehen würde. Die Männer öffneten eine Kiste nach der anderen und junge Hühner in allen Farben kamen heraus, weiße, braune und schwarze.

Das war schön. Allerdings war Gina zu traurig, um sich zu freuen. An diesem Abend weinte sie sich in den Schlaf.

Am nächsten Tag kamen drei ältere Damen und führten ein langes Gespräch mit der Mama. Danach unterhielten sich die Eltern lange miteinander, bis sie den Kindern schließlich mitteilten, dass sie das Haus wieder als Waisenhaus nutzen würden. Sie würden Waisenkinder aus ganz Deutschland betreuen, im Alter zwischen drei und 14 Jahren. Das geräumige Haus bot Platz für insgesamt 22 Kinder. Die älteren Damen hatten dies angeregt.

Die Kinder im Waisenhaus

Für die Unterbringung der Kinder standen zwei Schlafsäle zur Verfügung, einer für die Jungen und einer für die

Mädchen, außerdem zwei getrennte Bäder und zwei große Gemeinschaftsräume.

Die zuständige Behörde hatte gleichzeitig beschlossen, eine neue Zufahrt zu dem Heim zu bauen. Es wurde ein sehr steiler Weg, der durch die Klamm führte und im Winter schlecht zu passieren war, aber zumindest besser als der Weg durch den privaten kleinen Wald des Herrn Ulrich. Dieser hatte inzwischen sein altes Auto dauerhaft auf dem Weg abgestellt. Dies war Familie Krämer aber egal, denn nun hatten sie ja eine eigene Zufahrt.

Mama wollte das Heim führen. Sie musste allerdings Erzieherinnen einstellen, weil sie keine Ausbildung in der Richtung hatte. Nun begann für alle eine neue Zeit. Gina berührte das anfangs noch nicht. Sie trauerte noch immer und verkroch sich in ihrem Bett.

3. KAPITEL
Maria

Schon bald kamen die ersten Kinder in ihr Heim, vier Mädchen, ihre Eltern bei einem schlimmen Unfall verloren hatten. Maria war genauso alt wie Gina und die beiden freundeten sich an. Gina nahm Maria mit zu den Hühnern, und den Tag verbrachten sie gemeinsam an Ginas Lieblingsplatz: unter dem Ofen. Dort träumten de beiden sich in das Leben von Prinzessinnen.

Schnell waren alle Plätze im Heim belegt. Mama wurde die Versorgung der vielen Kinder zu viel und sie suchte sich m Ort eine Hilfe. Ruth kam und kochte von nun an für alle. Immer fragte sie Gina und Maria nach ihren Wünschen. Gina war glücklich, nun hatte sie Maria als Freundin und Ruth, die sich ganz besonders um sie kümmerte. Eines Tages, Ruth hatte wieder lecker gekocht, saßen Maria und Gina am großen Tisch in der Küche zum Essen. Ruth schnappte Gina und setzte sie sich auf die Schultern. Sie reichte ihr ein volles Glas mit Rotebetesaft und forderte sie auf zu trinken. Nachdem Gina das schreckliche Zeug versucht hatte, verspürte sie keine Lust, das Glas zu leeren. Sie wusste was Besseres und schüttete den Inhalt komplett über Ruths schneeweißen Haare. Daraufhin wurde sie von Ruth wieder an den Tisch gesetzt. Maria betrachtete die begossene Köchin, der der Saft noch über das Gesicht lief, und lachte herzhaft über deren neue Haarfarbe. Auch Gina fing zu lachen über ihren Streich. Nach kurzer Zeit musste selbst Ruth mit den Mädchen lachen und wurde gar nicht böse.

Nach kurzer Zeit fand sich eine Familie, welche die vier Waisengeschwister bei sich aufnahm. So verlor Gina ihre beste Freundin. An dem Tag, als die Kinder das Heim verließen, flüchtete sich Gina zu dem Grab von Attos und verbrachte den Tag dort. Das gab ihr ein wenig Trost.

Abends wurde sie für ihr Verschwinden mit einer Tracht Prügel gestraft.

„Jeder Schlag zeigt dir meine Liebe“, erklärte die Mama, während sie ihre

Tochter züchtigte, „denn nur, weil ich dich so sehr liebe, mache ich das!“

Ein tragischer Satz mit dramatischen Folgen für Ginas weiteres Leben.

Wieder ging sie zu Bett und-weinte sich in den Schlaf. Am folgenden Tag ging sie ein letztes Mal zu dem Grab, um endgültig Abschied von Attos zu nehmen. Mit weinerlicher Stimme erklärte sie ihm, dass sie nicht mehr kommen konnte. Sie pflanzte ihm aber noch die schönsten Blumen, die sie finden konnte.

Die nächste Zeit verbrachte sie ausschließlich in ihrer Kuschelecke unter dem Ofen. Ruth bemühte sich sehr um sie. Nur es gab in ihrem tiefen Schmerz, zwei beste Freunde verloren zu haben, keinen Trost.

Es kam aber noch schlimmer, denn am nächsten Tag schickte Veronika Ruth nach Hause. Sie hatte gesehen, dass Ruth Kartoffeln versteckt in ihrem Korb mit nach Hause nahm. Im Ort war Familie Krämer von diesem Tag an nicht mehr willkommen, Veronika nannte man von dem Tag an nur noch *die Prinzessin vom Berg*.

Nun war Gina wieder ganz alleine. Ralf aber richtete von nun an jeden Morgen einen Picknickkorb für beide und sie zogen zusammen los in den Wald. Dort bereiteten sie eine Decke auf dem Boden aus und machten es sich gemütlich. Sie beobachteten die Tiere und aßen die Leckereien.

So auch an diesem Tag. Doch, was war das? Gina sah zu ihrer Vesper, erblickte aber nur eine schwarze Waldameisenarmee, welche sich über ihr Essen hermachte. Schnell sprangen beide auf und rannten nach Hause. Dennoch war es eine sorglose und glückliche Zeit.

Britta und Ralf wurden im Herbst in der örtlichen Schule aufgenommen. Besonders Britta fand keine Freunde und blieb in ihrer Klasse eine Einzelgängerin. Da Ralf von der Mama viel Geld bekam, kaufte dieser sich Freunde.

Gina war noch zu jung für die Schule. Trotzdem war sie nicht allein. Denn Veronikas Mutter Oma Erna, die mittlerweile an Krebs erkrankt war, zog zu ihnen. Das machte Gina glücklich, denn sie liebte ihre Oma und diese liebte auch die kleine Enkelin. Oft verbrachte Gina den ganzen Tag bei ihr. Doch eines Tages verkrachte sich Veronika mit ihrer Mutter, was zur Folge hatte, dass Erna zu Gerlinde zog.

Nun war Gina wieder alleine, aber da ihr Heim mittlerweile voll belegt war, hatte sie trotzdem immer Gesellschaft.

4. KAPITEL
Der Geldsegen

Das voll belegte Heim spülte eine Menge Geld in die Kasse der Familie. Die Kinder bekamen neue Spielsachen und die Eltern entschlossen sich, ein separates Haus für sich zu bauen.

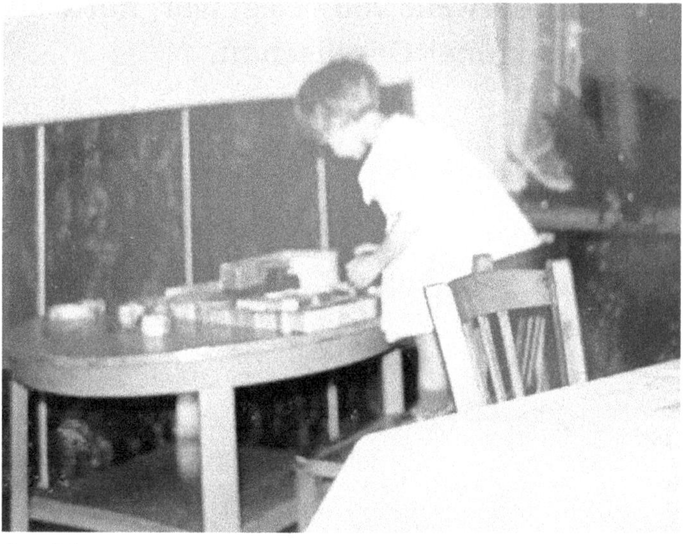

Im Essraum

Veronika fuhr jeden Tag mit Gina in das Dorf zum Dorfschreiner Herrn Bär. In der Schreinerei lief immer die Säge und es war unerträglich laut. Die Mama verließ oftmals mit Herrn Bär den großen Raum und ging für eine gewisse Zeit mit ihm ins Haus. Sie umgarnte ihn stets und auch er erlag alsbald ihrem Charme. Gina musste geduldig auf ihre Mama warten.

Endlich wieder zuhause, bestaunte sie die Baustelle ihres Hauses, welches rasant wuchs. Georg hatte seine Eltern Karl und Hilde eingeladen. Sehr zur Freude von Britta, die ein tolles Verhältnis zu den beiden hatte. Gina hatte diese Großeltern bisher nur selten gesehen und kannte die beiden kaum. Nur der Hund von Karl bereitete ihr Freude. Er hieß Rex und war ein Boxer. Allerdings konnte er Attos nicht das Wasser reichen und ihn auch nicht vergessen lassen.

5. KAPITEL
Glück im Unglück

An diesem Samstag gingen die Kinder nicht wie sonst üblich mit der Mama in den Wald zum Pilzesammeln. Heute bezogen sie das neu erbaute Haus. Gina war aufgeregt und gespannt, was sie sehen würde.

Als sie das Haus betrat, kam sie zuerst in eine geräumige Eingangshalle. Von dieser zweigte das Elternschlafzimmer, ein Bad, ein Gästebad, eine Küche sowie das Wohn- und Esszimmer ab. Über eine Wendeltreppe, gebaut vom örtlichen Schreiner Herrn Bär, betrat man den ersten Stock. Dort befand sich ein Bad für die Kinder sowie drei Zimmer, für jedes Kind ein eigenes. Allerdings musste Gina sich noch ein Zimmer mit Ralf teilen. Britta und Ralf hatten einen kleinen Balkon vor ihren Zimmern.

Es war ein herrliches Gefühl. Dieses Haus war so groß und schön. Sie ging ins Bad und drehte den Wasserhahn auf.

Erstaunt stellte sie fest, dass sogar warmes Wasser aus dem Hahn sprudelte. So etwas kannte sie noch nicht.

Das folgende Wochenende verbrachten Britta und Ralf bei den Großeltern. Gina durfte mit der Mama zu Gerlinde, um Oma Erna zu besuchen.

Sie freute sich, die Oma mal wieder zu sehen. Bei Gerlinde angekommen, führte diese die beiden in ein kleines Zimmer, in dem Erna im Bett lag.

„Du bist aber klein geworden“, wunderte sich Gina über das veränderte Aussehen ihrer Großmutter.

Gerlinde schnappte sich das Mädchen und schob sie aus dem Raum. Auch Veronika war erschrocken über Ginas Bemerkung, also fuhren sie nach Hause. Dort angekommen begab Gina sich zu Bett. Mitten in der Nacht weckte sie Mama und berichtete ihr, dass Oma Erna gestorben war. Damit ließ sie Gina allein und ging wieder zu ihrem Mann in ihr Schlafzimmer.

Gina fühlte eine tiefe Traurigkeit in sich aufsteigen und stellte erschrocken fest, dass sie mal wieder allein war. In diesem Augenblick senkte sich ihr Bett am Fußende. Ganz so, als würde jemand dort Platz nehmen. Zuerst war Gina ängstlich, aber rasend schnell empfand sie eine tiefe Zufriedenheit, Wärme und Geborgenheit.

Wer oder was auch immer in diesem Moment bei ihr war, sollte sie noch viele Jahre begleiten. Nicht jeden Tag, aber in regelmäßigen Abständen und immer würde sie diese wärme und Geborgenheit fühlen. Auch in den traurigen Momenten in ihrer Ehe. Immer wenn sie Trost suchte. Von diesem Augenblick an fühlte sich Gina nie mehr allein und fand einen unerschütterlichen Glauben an Gott. Trotz des schlimmen Verlustes schlief sie glücklich ein. Ihr Besuch blieb an diesem Tag noch lange bei ihr. Auf diese Weise begleitete sie bei allem Unglück, das ihr später im Leben noch widerfahren würde, auch immer dieses Glück. War es ein Zufall, dass Ginas erste Begegnung mit dem Trost spendenden Besucher auf Oma Ernas Todestag fiel?

6. KAPITEL
Der Westwall

In diesem Sommer, dem letzten vor Ginas Einschulung, besuchte sie der Opa Karl. Er streifte den ganzen Tag mit Ralf umher. Gina spielte mit den Kindern aus dem Heim. Allerdings fand sie keine Freundin wie Maria. Als Opa Karl nach Hause gefahren war, forderte Ralf Gina auf, mit ihm zu kommen: „Ich will dir was Tolles zeigen!“

Neugierig folgte sie ihm.

Er zeigte ihr einen gesprengten Bunker, dessen ehemaliges Dach nun schräg stand. Ein wohl von Tieren ausgetretener Pfad führte ins Innere. Ralf stieg hinein und forderte Gina auf, ihm zu folgen. Diese war ängstlich und weigerte sich, aber Ralf gab nicht nach. So krabbelte Gina mit zitternden Knien hinab.

Sie erreichte einen großen Raum. Rechts und links lagen kleinere Räume, deren Zugang aber durch die Sprengung versperrt war. Nur Ralf, der viel größer als

Gina war, konnte über die Trümmer schauen.

Ralf

„Was siehst du?“, fragte Gina, aber er verriet nichts. Beleidigt krabbelte Gina den Pfad wieder empor und verließ den

Bunker. Sie wollte draußen Tiere beobachten oder Bäume zum Klettern suchen.

Langsam ging sie den Trampelpfad hoch. Oben ging sie einfach der Nase nach weiter. Da entdeckte sie direkt vor ihren Füßen einen seltsamen Gegenstand. Er sah aus wie ein Ei aus Metall.

Überrascht und ängstlich zugleich streckte sie die Hand aus, um das Ei zu greifen. Ihre Finger zitterten, aber ihre Neugier war noch größer, zu erfühlen, was sich in dem merkwürdigen Gegenstand verbarg. Kurz bevor sie zugriff, hörte sie eine innere Stimme „Nein! Lass das!“ schreien. Zum absoluten Gehorsam erzogen, ließ sie das Ei liegen. Allerdings zeigte sie es Ralf, der mittlerweile auch den Bunker verlassen hatte.

„Heb nie etwas auf, was hier liegt“, ermahnte er sie. „Da sind auch noch Gewehre und Messer. Dieses kleine Ding ist eine Granate! Dein Glück, dass du sie nicht berührt hast!“

Während Gina überrascht zuhörte, fuhr Ralf fort: „Da sind noch viel mehr solche unterirdischen Verstecke. Oben auf unserer Wiese ist ein Bunker voller Munition, den hat mir Opa gezeigt“, erklärte Ralf. „Geh du nie alleine hier rum!“

Gina entdeckte einen Erdhügel in der Nähe und rannte hinauf. Mitten auf dem Hügel stehend, wollte sie von Ralf wissen, was das war.

„Du stehst auf einem Grab aus dem Weltkrieg", meinte der trocken.

Völlig entsetzt sprang Gina mit einem Satz herunter. Sie hatte auf den armen Soldaten gestanden! Zur kleinen Entschädigung versprach sie mit leiser Stimme, ihnen einen täglichen Besuch abzustatten.

Erst später wurde Gina klar, dass dieses von vergessenen Kriegsgeräten durchsetzte Gebiet lebensgefährlich war und es hier weit mehr als nur die beiden Bunker gab, von denen Ralf zu diesem Zeitpunkt wusste. Später wurden diese gesprengt und das Betreten des Geländes verboten.

Da die Mama rief, trollten sich beide und gingen heim.

„Sag Mama nichts!“, befahl Ralf.

Gehorsam schwieg Gina über das, was sie entdeckt hatten. Am nächsten Tag ging sie wieder zu dem Soldatengrab, sie war zu neugierig.

Sie schaute auch wieder ins Innere des Bunkers. Dort war es heute seltsam hell. Also stieg sie langsam hinab. Da sah sie das Unheil: Es gab eine neue Stelle, die offen war. Ermutigt und mit dem Gedanken, nun einen Fluchtweg zu haben, falls die Decke ganz hinabfiel, sah Gina sich auf dem Boden um. Dort lagen abgenagte Knochen. Nun überkam sie die pure Panik. Was, wenn hier Bären zuhause waren? Voller Angst versuchte sie, den Pfad zu erklimmen, aber er war zu steil. Sie rutschte ab und kullerte den Hang hinab. Da hörte sie Geräusche, die ihr förmlich Flügel verliehen. Mit letzter Kraft gelangte sie nach oben. Allerdings verlor sie die Schuhe, welche wieder in dem Bunker landeten. Total verschmutzt, aber erleichtert stand Gina oben am Bunker. Sie sah noch ein Rudel Füchse flüchten.

Was nun?, fragte sie sich. Es war schon schlimm genug, schmutzig nach Hause zu gehen. Aber ohne Schuhe? Unmöglich. Es blieb ihr keine Wahl: Sie musste zurück, die Schuhe holen.

Voller Angst wagte sie erneut den Abstieg, in der Hoffnung, dass es gut ging. Tatsächlich meldete sich ihr Glück und es gelang ihr, die Schuhe zu retten. Sie konnte den Bunker unbehelligt verlassen. Nun stand ihr noch die Begegnung mit Mama bevor.

Ob ich wieder Prügel bekomme?, fragte sie sich den Heimweg über. Zuhause angekommen aber blieb das Glück ihr treu und Mama schimpfte nur.

7. KAPITEL
Der Ernst des Lebens

Am Ende des Sommers stand der erste Schultag an. Ängstlich ging Gina auf den Schulhof zu den vielen fremden Kindern.

Die meisten kannten sich und als alle von der Lehrerin aufgefordert wurden, sich in Zweiergruppen aufzustellen, hatten sich schnell Pärchen gebildet. Nur Gina blieb allein. Verlegen auf den Boden sehend wartete sie am Ende der Reihe. Die Lehrerin hatte Mitleid mit ihr, also nahm sie Gina an die Hand und gemeinsam gingen sie der Gruppe voraus in das Klassenzimmer.

Gina war traurig und fragte sich, ob es ihr ergehen würde wie Britta, welche nun nicht mehr hier zur Schule ging. Auf Drängen der Oma Hilde besuchte sie nun eine Privatschule in der Schweiz. Gina hoffte, Britta würde dort Freunde finden.

Ihr machte die Schule Angst. Richtige Freunde fand sie auch zunächst nicht.

Mit der Zeit freundete sie sich aber mit Linda an, welche zum Teil den gleichen Weg hatte. Nur war Linda eine super Schülerin und Gina leider gar nicht. Das einzige Fach, in dem Gina halbwegs gut war, war Mathematik. Allerdings nur bis zu dem Tag, als die Textaufgaben überhandnahmen. Danach wurden ihre Leistungen auch dort schlechter. Wenn Veronika sie nicht abholte, ging Gina mit Linda den Nachhauseweg. Sie war traurig und schämte sich, in der Schule so zu versagen. Aber es sollte noch schlimmer werden.

8. KAPITEL
Verirrt

Wieder einmal wollte Gina mit Linda den Nachhauseweg zurücklegen. Allerdings schloss Linda sich auch den anderen Kindern an. Zunächst ging Gina mit, dann aber stand sie plötzlich alleine da. Sie hatte keinen Schimmer, wo sie war oder wie sie von hier aus nach Hause kam. Voller Panik rannte sie einfach los. Tränen rannen über ihr Gesicht. Sie war voller Angst, als sie plötzlich von einer Frau, welche in ihrem Garten arbeitete, angesprochen wurde: „Wo willst du denn hin? Wer bist du?"

Gina erklärte, dass sie sich verlaufen hatte und zum Waisenhaus wollte.

Mitleidig erklärte die Dame, wie Gina laufen musste. Sie folgte der Beschreibung und gelangte schließlich in eine Straße, von der sie wusste, wie es weiter ging. Endlich kam sie an den steilen Berg, an dessen Ende sie wohnten.

Endlich zuhause berichtete sie der Mama, was geschehen war, aber Mama hatte kein Mitleid mit ihr. Im Gegenteil, sie schimpfte sie gehörig aus.

„Du dumme Nudel!", zeterte sie immer wieder.

Ginas Erstkommunion

9. KAPITEL
Italien

Der Sommer kam und Veronika wollte mit Ralf und Gina ans Meer. Der Papa konnte nicht mit, er musste wegen seiner Kriegsverletzung in Kur, und Britta war ja noch immer in der Schweiz.

So fuhren Ralf und Gina mit der Mama nach Italien in den Sommerurlaub. Gina war etwas traurig, ohne den Papa und Linda zu sein. Dies verflog aber, als sie das Meer erblickte, das sich in sanften Wellen zu ihr bewegte. Es war das erste Mal, dass sie in Urlaub war. Sie fand es toll. Jeden Tag gingen die drei an den Strand, um Muscheln zu suchen. Gina lernte zu schwimmen, es war herrlich.

Eines Tages gingen sie wieder zum Strand. Sie wunderten sich über eine rote Fahne, die diesmal an einem Mast im sehr starken Wind flatterte. Veronika erkundigte sich, was das bedeutete. Sie erfuhren, dass Schwimmen heute verboten war. Zunächst war Gina traurig, denn das Schwimmen bereitete ihr Spaß. Aber sie würden ja noch ein wenig bleiben. Die zeit verflog und viel zu schnell stand der Tag der Heimreise an.

Tieftraurig fuhr Gina nach Hause. Sie freute sich aber auch auf Papa und Linda. Nur der Gedanke, wieder zur Schule zu müssen, trübte ihre Freude.

Glücklich berichtete sie dem Papa, dass die nun schwimmen konnte. Dieser nahm sie in den Arm und lobte sie. Er versprach ihr, im kommenden Jahr zur Belohnung ein Schwimmbad für sie zu bauen.

10. KAPITEL
Das Leiden

Gina wurde eines Tages in der Schule zu einer Geburtstagsparty eingeladen. Freudig sagte sie zu. Endlich fand sie Anschluss, sie hatte es geschafft!

Zuhause berichtete sie es aufgeregt der Mama. Dann aber schlug das Schicksal zu. Aufgrund ihrer schlechten Noten verbot die Mama den Besuch. Weil sie aber schon zugesagt hatte und dann nicht zu der Feier kam, war dies das erste und zugleich das letzte Mal, dass sie eingeladen wurde. Allerdings war ihr dies keine Lehre. Weiterhin blieb die einzige gute Note in ihrem Zeugnis die Note fürs Betragen. Sie vergnügte sich lieber im Schwimmbad, statt zu lernen.

Es folgte, was folgen musste: Linda bekam die Empfehlung zum Besuch des Gymnasiums und Gina ging leer aus. Sie bettelte so lange bei der Mama, bis sie die Erlaubnis bekam, die Aufnahmeprüfung am Gymnasium abzulegen. Nervös aber glücklich stellte sie sich der Prüfung und siehe da: Sie bestand!

Linda und Gina waren nun die Einzigen, die im Nachbarort das Gymnasium besuchen würden. Viele andere gingen in der nächsten Kreisstadt auf die Realschule.

Das bedeutete, nach den Ferien würde sie weiterhin mit Linda zur Schule gehen. Der Sommer war gerettet! Gina fühlte sich stolz wie Oskar.

Jugend

1. KAPITEL
Die neue Schule

Die Ferien waren vorbei. Aufgeregt fuhren Linda und Gina mit dem Zug in den Nachbarort zu der neuen Schule. Der Weg war weit, sie mussten den Ort durchqueren und einen Berg erklimmen. Oben stand das Gymnasium majestätisch über dem Ort. Das beeindruckte die Mädchen. Pünktlich mit dem Gong kamen sie an. Wenig später wurden sie auch schon in den neuen Klassenraum geführt. Darin war alles neu und sah sehr schön aus. Es folgte die obligatorische Vorstellung aller neuen Klassenkameraden und das übliche Klassenfoto.

Gina freundete sich schnell mit Rosi an. Rosi war wie Gina etwas burschikoser, außerdem sehr hübsch. Sie hatte dicke braune Haare, die zu Zöpfen gebunden waren.

Für das Foto setzten sich Gina und Rosi nebeneinander, sie mochten sich auf

Anhieb. Auch in der schulischen Leistung passten die beiden zueinander. Rosi war zwar wesentlich besser als Gina, aber keine Einserschülerin wie Linda. Linda dagegen platzierte sich neben der Lehrerin, Frau Keller. Die nächsten Tage bekamen die neuen Schüler das gesamte Gebäude vorgestellt sowie alle Lehrer. Es war spannend und aufregend zugleich.

2. KAPITEL
Zu spät gekommen

Gina freundete sich immer mehr mit Rosi an.

Diese wartete jeden Morgen, bis Linda und Gina vom Bahnhof den Berg zur Schule erklommen hatten. Die beiden waren die reinsten Schnecken, wenn es darum ging, zur Schule zu gehen. Linda besuchte auf dem Weg immer noch das dort gelegene Schreibwarengeschäft. Sie liebte es, in den Büchern zu schmökern, und Gina hatte es sowieso nicht eilig.

An einem Tag allerdings überspannten sie den Bogen und kamen zu spät.

Dennoch wartete Rosi am Schuleingang auf die beiden Trödlerinnen. Gemeinsam überlegten sie sich eine Ausrede, denn beim Zuspätkommen waren die Lehrer streng. Linda hatte den rettenden Einfall: Sie würden sagen, der Zug hätte sich verspätet. Die Idee fanden sie genial. Dass Rosi nicht mit dem Zug kam, war Linda egal. Sie fand, da sollte sich Gina doch etwas überlegen.

Rosi unterbrach die heftige Debatte von Linda und Gina. Sie marschierte hoch erhobenen Hauptes voraus in die Klasse. Dort berichtete sie der erbosten Frau Keller: „Ich habe getrödelt."

Zur Strafe bekam sie einen Eintrag ins Klassenbuch und eine Strafarbeit. Linda und Gina kamen mit ihrer Lüge der Zugverspätung ungeschoren davon.

Weil die Ausrede so wunderbar funktionierte, kamen die beiden Trödeltanten nun öfter zu spät. Rosi wartete nicht mehr auf sie.

Aber eines Tages kam, was kommen musste: Frau Keller stellte Nachforschungen an und entlarvte die Lügen der beiden Zuspätkommerinnen.

„Wie kommt es, dass nur ihr beiden zu spät kommt? In der Schule sind zig Schüler aus eurem Ort – alle anderen waren pünktlich!", wetterte sie los. „Wagt es nicht, mich noch einmal anzulügen!"

Es folgte ein Eintrag im Klassenbuch und ein blauer Brief an die Eltern für beide.

Beschämt schlichen die Sünderinnen zu ihren Plätzen. An diesem Tag stritten sie sich auf dem Nachhauseweg heftig. Es war der erste Bruch zwischen ihnen.

Gina war voller Angst. Sollte sie etwas berichten zu Hause? Oder auf den Brief warten und ihn vielleicht verschwinden lassen, bevor die Mama ihn sah? Sie zermarterte sich ihr bisschen Hirn, ohne eine Lösung zu finden.

Drei Tage später flatterte der Brief ins Haus. Da Gina keine Lösung gefunden hatte, fiel er natürlich der Mama in die Hände. Veronika las ihn mit gerunzelter Stirn. Stirnrunzeln machte sie sonst selten – das erzeugte ja Falten.

Gina spürte schon die Prügel auf sich zukommen. Sie hasste Linda in diesem Moment. Aber entgegen ihrer Befürchtung reagierte die Mama diesmal anders. Langsam las Veronika den Brief bis zum Ende. Dann warf sie Gina einen bösen Blick zu. „Geh auf dein Zimmer!“

Ginas Herz klopfte wild, als sie der Aufforderung Folge leistete. Sie freute sich, so glimpflich davongekommen zu sein. Allerdings zu früh, wie sich noch zeigen würde. Den gesamten Rest der Woche wurde sie von der Mama mit Nichtachtung gestraft. Veronika redete nicht mehr mit ihr, auch ihre Fragen blieben unbeantwortet. Dies war schmerzhafter als Prügel, fand Gina.

3. KAPITEL
Die Strafarbeit

Eines Tages ärgerte sich die Lehrerin über zu viel Lärm in der Klasse und brummte sämtlichen Schülern eine große Strafarbeit auf. Mehrere Seiten der ellenlangen Hausordnung sollten in sauberster Schrift abgeschrieben werden.

Während Linda und Gina auf ihren Zug warteten, sagte Linda: „Lass uns hier schon mal anfangen. Dann haben wir den Nachmittag frei!“

Wieder mal eine geniale Idee, fand Gina, und sie holten ihre Schreibsachen hervor.

Während beide eifrig schrieben, betrat überraschend Veronika die Bahnhofshalle, die eins ihrer Waisenkinder zum Zug bringen wollte. Sie wunderte sich, die beiden Schulmädchen hier anzutreffen.

„Was macht ihr denn hier? Seit wann werden Hausarbeiten im Bahnhof erledigt?“, fragte sie verärgert.

Nervös erklärte Gina die Lage.

„Es sind keine Hausarbeiten. Frau Keller hat uns eine Strafarbeit gegeben, weil Lärm in der Klasse war."

„Und was fällt dir ein, im Unterricht zu lärmen?", regte sich die Mama auf. „Ich verbiete dir, weiterzuschreiben! Hör sofort auf damit!"

„Aber ich war gar nicht laut!", versuchte Gina zu erklären, „Linda und ich waren still, die anderen haben den Krach gemacht!"

Das glaubte ihr Veronika sogar, weil Gina in der Schule nie unangenehm auffiel. Aber das Verbot, die Strafarbeit zu erledigen, blieb bestehen.

Die Mama verfasste eine kurze Nachricht an Frau Keller und übergab sie Gina.

„Das zeigst du der Lehrerin morgen", erklärte sie kurz angebunden.

Gina allerdings war schon fast fertig und so erledigte sie Zuhause schnell den Rest. Sie atmete auf, das war gerade nochmal gut gegangen.

4. KAPITEL
Arbeit ohne Ende

In der Schule nahm alles seinen normalen Lauf. Die Pausen verbrachte Gina mit Rosi. Mittlerweile waren die beiden unzertrennlich.

Als Gina nach Hause kam, erkundigte sich Veronika, was Frau Keller zu ihrer Nachricht gesagt hätte.

Kleinlaut und in gebückter Haltung flüsterte Gina: „Ich habe die Strafarbeit fertig gemacht. Deine Nachricht ist noch in meinem Ranzen.“

Sie sah förmlich, wie sich die Wut in der Mama ausbreitete. Entgegen ihren Befürchtungen wurde sie diesmal aber weder mit Prügel noch mit Missachtung gestraft.

„Wenn du so viel Zeit hast, unsinnige Strafarbeit zu erledigen, gebe ich dir Arbeit!", polterte Veronika. Sie schnappte Gina am Arm und schleppte sie in den Hof des Heimes.

Die Dächer der Schuppen waren voller Moos. Veronika drückte ihr einen Spachtel in die Hand.

„Das machst du sauber“, kommandierte sie.

Gina vor den alten Gebäuden

Angstvoll starrte Gina nach oben. Die Dachbalken waren teilweise eingebrochen und sahen sehr instabil aus. Da hinaufzuklettern fühlte sich schrecklich gefährlich an.

„Das kann doch Ralf machen", versuchte sich Gina herauszuwinden.

„Das kann so nicht bleiben. Wenn du es nicht machst, muss ich es wohl tun“, sagte die Mama drohend. Nein - das konnte Gina unmöglich zulassen. Was, wenn der Mama etwas passieren würde?

Angsterfüllt und mit zitternden Beinen erklomm sie das erste Dach. Bei jedem Schritt knirschten die alten Eternitplatten. Plötzlich gab es einen lauten Knall und direkt vor Gina krachte etwas hinab. Ein neues Loch blieb zurück. Dadurch konnte sie den Betonboden in der Tiefe erblicken. Gina sah sich schon mit gebrochenen Gliedmaßen dort unten liegen, zwang sich aber, die Arbeit anzufangen.

Am späten Nachmittag hatte sie alles Moos entfernt. Voller Erleichterung kletterte Gina vom Dach wieder herunter. Aber ihre Freude währte nicht lange.

„Morgen machst du dieses hier sauber", empfing sie die Mama und übertrug ihr gleich den nächsten Auftrag.

Am nächsten Tag nach der Schule machte sie sich sogleich an die Arbeit. Doch Ralf fing sie ab. Mittlerweile absolvierte er eine Lehre in einem Forstbetrieb, allerdings hatte er heute einen Krankenschein. Verschwörerisch zog er sie zu sich.

„Komm, ich bring´ dir was bei, was dich cool macht", versprach er.

An diesem Tag bracht er Gina das Rauchen bei. Gina probierte, sah den aufsteigenden Rauchwölkchen zu und fand sich sehr erwachsen. *Alle Erwachsenen rauchen*, dachte sie, *bis auf Mama. Es muss wohl okay sein?*

Sie stellte sich damals noch nicht vor, dass sie ihr ganzes weiteres Leben an der Kippe hängen würde und damit einen verhängnisvollen Grundstein für ihren späteren Schlaganfall legte.

5. KAPITEL
Klavierunterricht

Eines Tages wurde Gina an der Schule von Mama mit dem Auto erwartet. Aufgeregt stieg Gina ein. Sie freute sich, nicht mit dem Zug fahren zu müssen.

„Darf Linda auch mitfahren?“, fragte sie eifrig, doch Veronika verneinte.

„Das geht leider nicht, wir haben noch etwas zu erledigen“, erklärte sie.

So kam es, dass Gina mit der Mama in einen fremden Ort fuhr. In der Gegend war sie noch nie gewesen. Ihr Weg endete vor einem Haus, an dem ein Schild mit der Aufschrift *Musikschule* hing.

Verwirrt schaute Gina sich um. „Was machen wir hier?“, fragte sie.

Mama antwortete nicht, sondern klopfte an der Tür.

Ein dünner junger Mann öffnete. Er war Gina sofort unsympathisch, doch bat er die beiden, einzutreten.

Er führte sie in ein kleines, düsteres Zimmer. Darin standen ein Klavier und eine kleine Orgel.

Mama wurde ans Klavier gebeten und Gina an die Orgel verbannt.

Während er Veronika das Klavier erklärte, ergriff er ihre Hand und führte sie über die Tasten. Dabei flirtete er ungeniert mit ihr und Veronika schien das sehr zu gefallen. Gina saß vergessen an der Orgel und wusste nicht, was sie da machen sollte.

Es war ihr zum einen langweilig, den beiden beim Flirten zuzusehen, zum anderen war sie hungrig. Sie hatte heute noch nichts gegessen und ein Berg Hausaufgaben wollte noch erledigt werden.

Sie blieben eine Stunde bei Herrn Kohl zum *Unterricht.*

Endlich war die Stunde vorbei und sie machten sich auf den Heimweg. Gina war froh darüber. Ihre Freude erfuhr aber einen Dämpfer, als Mama ihr eröffnete: „Das machen wir nun jeden Dienstag. Ich möchte so gern Klavierspielen lernen."

Zu allem Überfluss bekam Gina von Herrn Kohl noch zusätzliche Hausaufgaben auf. Sie sollte anhand einer Pappschablone üben.

Ginas Laune war deshalb ziemlich am Boden. Endlich zuhause, stürzte sie sich an den Kühlschrank und stillte ihren Hunger. Mama schickte sie nach oben, um die Aufgaben von Herrn Kohl zu erledigen.

Darauf hatte Gina allerdings gar keine Lust und sie beschloss, sie einfach nicht zu machen. Darauf kam ihr die zweifelhafte Idee, auch die Hausaufgaben für die Schule nicht zu erledigen. Gedacht, getan.

Oder genauer gesagt, nicht getan.

Am nächsten Tag erschien sie ohne Hausaufgaben in der Schule. Da sie aber sonst immer alles gewissenhaft erledigte und eine folgsame Schülerin war, bekam sie nur eine Ermahnung.

Sie begann die folgenden Dienstage zu hassen. Mama flirtete immer ungenierter mit Herrn Kohl. Dass Gina daneben saß, störte die beiden nicht im Geringsten.

Veronika kaufte sich eine Heimorgel, auf der sie fortan zu Familienfeiern spielte, zunächst noch holprig, aber mit der Zeit wurde sie besser. Herr Kohl lobte jeden Dienstag, welche hervorragenden Fortschritte sie gemacht hätte. Gina fand das alles ekelhaft und es war ihr schrecklich peinlich, die Mama so zu erleben. Sie war sehr froh, als Mama ihr eines Tages eröffnete, dass sie nun nicht mehr zum Unterricht gehen würden.

6. KAPITEL
Auf den Gleisen

Am folgenden Montag hatten die Mädchen schon nach der vierten Stunde frei, weil viele Lehrer erkrankt waren.

Zuerst freuten sich Linda und Gina, doch nun standen sie vor dem Problem, dass sie keine Zugverbindung zurück nach Hause hatten. Auch die Busse fuhren erst viel später.

Die beiden Freundinnen überlegten fieberhaft, wie sie heimkommen sollten. Gina versuchte, vom öffentlichen Fernsprechapparat ihre Mama zu erreichen, doch vergeblich. Niemand hob ab.

Mit einem schlechten Gefühl folgte sie dem Vorschlag von Linda, entlang der Bahngleise zu Fuß nach Hause zu laufen. Den Vorschlag zu trampen, hatte sie entschieden abgelehnt.

Etwas unsicher starteten sie. Die Strecke war stark befahren. Schon nach ein paar Metern des Weges hörte Gina hinter sich einen Zug. Erschrocken versuchte sie, dem herannahenden Waggon davonzulaufen, doch da ertönte eine laute Hupe. Vor lauter Schreck stolperte Gina und wäre beinahe auf das Gleis gefallen. „Mach Platz, weg da!", schien es zu schreien. Einen richtigen Weg neben den Gleisen gab es nicht, deshalb blieb Gina nur noch ein einziger Ausweg: Mit aller Kraft warf sie sich in die mit Brombeersträuchern bewachsene Böschung. Das tat zwar weh, aber sie war in Sicherheit und die Eisenbahn ratterte an ihr vorbei. *Der Mama erkläre ich, ich wäre in der Pause auf dem Schulhof gefallen,* überlegte sie sich schon eine passende Ausrede.

Der weitere Heimweg der beiden Fußgängerinnen verlief zum Glück ohne Zwischenfälle. Auch die Lüge, die Gina zuhause erzählte, glaubte die Mama. So blieb der Ausflug auf den Schienen folgenlos.

7. KAPITEL
Motorradunfall

In der folgenden Zeit unterhielten sich die Eltern oft laut in der Küche über Ralf. Aber immer, wenn Gina den Raum betrat, unterbrachen sie ihr Gespräch sofort.

Aber Gina fand trotzdem heraus, was los war, denn Linda berichtete ihr alles – das Gerücht war ja schon durch den ganzen Ort gegangen.

Ralf hatte mit seinem Motorrad einen schweren Unfall gehabt. Ihm war nichts geschehen, allerdings hatte er ein junges Mädchen auf dem Rücksitz dabei gehabt. Das Arme war schwer verletzt worden. Kein Wunder, dass Gina das nicht erfahren sollte. Aber ihre Eltern hatten nicht bedacht, dass sich solch eine Nachricht in einem Dorf verbreitete wie ein Lauffeuer. Gina machte sich Sorgen um ihren Bruder und auch um das verletzte Mädchen. Darunter litten ihre Leistungen in der Schule. Sie sank unaufhörlich vom Keller in die Tiefgarage. Das

Abschlusszeugnis dieses Jahres war so schlecht, dass sie eine *Ehrenrunde* drehen müsste.

Ihr Zeugnis wagte sie kaum ihrer Mutter zu zeigen. Voller Angst schlich sie damit nach Hause. Was würde Mama wohl sagen oder gar machen? Sie zermarterte sich den Kopf und malte sich schlimme Strafgerichte aus. Aber Mama reagierte unerwartet.

„Ralf hat das Gymnasium auch nicht beendet“, kommentierte Veronika. „Geh ab und zur Hauptschule, das ist besser für dich."

Gina war mehr als verwirrt, aber sie wollte unbedingt auf dem Gymnasium bleiben.

Das Mädchen auf Ralfs Motorrad überlebte den Unfall, aber sie blieb im Gesicht von Narben gezeichnet, die sie lebenslang behalten würde.

Das ist eine schreckliche Sache, dachte Gina. Auch wenn sie das Mädchen nicht kannte, litt sie mit ihr. Immer musste sie daran denken, wie sie sich fühlen würde, wenn ihr das passiert wäre.

Noch bedenklicher wurde die Sache durch die Tatsache, dass Ralf damals zum Einen Alkohol getrunken hatte und auch noch viel zu schnell gefahren war. Bei der Gerichtsverhandlung zeigte er Reue und verpflichtete sich zur Bundeswehr. Dort allerdings musste er Gehorsam leisten, was ihm vollkommen fremd war. Er hielt den Drill nicht lange aus und wurde fahnenflüchtig.

8. KAPITEL
Gefängnis

Ralf versteckte sich im Haus. Für seine Familie und also auch für Gina war das eine unangenehme und sehr belastende Lage, zu wissen, dass er von den Feldjägern gesucht wurde, doch es gelang diesen nicht, ihn zu finden. In den kommenden Wochen tauchten jedoch immer mal wieder Militärs vor ihrer Haustür auf und fragten, ob Ralf zuhause sei. Gina erkannte sie sofort an ihren Uniformen und erklärte ihnen stets, sie wüsste nicht, wo er sein könnte.

Als Gina eines Tages allein zuhause war, klopfte es an der Tür. Sie öffnete unbefangen. Vor ihr standen zwei nette Männer, welche höflich nach Ralf fragten.

Bestimmt irgendwelche Freunde von ihm, dachte Gina. Bereitwillig gab sie die Auskunft, er sei oben in seinem Zimmer.

Ohne um Erlaubnis zu fragen, gingen die Männer direkt die Treppe hinauf. Schlagartig wurde Gina klar, dass da etwas nicht stimmte. Dass sie nicht aufgepasst hatte und kein Wort hätte sagen dürfen!

Oben hörte sie eine laute Diskussion, dann schleppten die Männer Ralf mit Gewalt die Treppe hinab und aus dem Haus heraus. Er war verhaftet. Sie war auf Feldjäger hereingefallen, die ohne Uniform gekommen waren!

Der Blick, den Ralf ihr zuwarf, als er abgeführt wurde, traf sie mitten ins Herz. Ihr Magen verkrampfte sich und diese Krämpfe quälten sie den ganzen Tag lang.

Aber das war noch nicht alles, denn sie musste auch der Mama Rede und Antwort stehen.

„Du unnützes Ding!“, schrie Veronika sie an und verbannte sie in ihr Zimmer.

Ralf musste seine Strafe im Militärgefängnis verbüßen. Veronika kämpfte lange, um ihm zu helfen, und erreichte schließlich, dass seine Strafe relativ mild ausfiel.

Doch während der ganzen Zeit konnte Veronika ihren Ärger auf ihre jüngste Tochter nicht verwinden, die dadurch unter konstantem Druck stand. Da Ginas Leistungen in der Schule noch immer unterirdisch waren, entschloss sie sich schweren Herzens, das Gymnasium an den Nagel zu hängen. Linda bot ihr zwar an, mit ihr zu lernen, aber Gina konnte sich nicht konzentrieren. Ständig musste sie daran denken, dass Ralf jetzt nur durch ihre Schuld im Knast saß.

Veronika war von Ginas Gymnasiumbesuch sowieso nicht begeistert gewesen, daher meldete sie die Tochter ab und an der Hauptschule an.

Nach den Ferien besuchte Gina nun die Hauptschule. Dort ging es ganz anders zu, als sie gewohnt war, und Gina fühlte sich unwohl. Die Jungen waren den Lehrern und den Mädchen der Klasse gegenüber sehr unfreundlich, so etwas hatte sie noch nie erlebt. Im Gymnasium waren die Lehrer Respektspersonen und die Mädchen tabu gewesen – das war hier anders.

Eines Morgens legten die Jungen eine Schulbank quer vor den Eingang der Klasse, um dem Lehrer Herrn Neufer den

Eintritt zu verwehren. Dieser jedoch zwängte sich durch den schmalen Spalt, der noch offen war. Gina sah sich die seltsamen Verrenkungen an. Auch sie konnte nicht an sich halten und musste lachen. Gleich danach aber schämte sie sich, denn Herr Neufer hatte das Unglück, sich bei all den Verrenkungen das Bein zu verletzen.

Nach Schulschluss wollte sie mit den Jungen über ihr Benehmen reden, aber sie erreichte nur, dass diese sie als Antwort mit Quitten bewarfen. Das hatten sie wohl schon öfter getan: Da die Jungen sehr zielsicher waren, wurde jeder Wurf ein Treffer. Gina vermisste Rosi so sehr. Erst jetzt wurde ihr die Tragweite ihrer Entscheidung bewusst. Sie weinte den ganzen Heimweg über, was natürlich nicht half. Nachmittags erzählte sie die Vorkommnisse der Mama und bat darum, wieder zur alten Schule zu dürfen. Ihr Anliegen stieß auf taube Ohren. Sie musste bleiben, wo sie war.

Gina dachte länger darüber nach. *Was habe ich überhaupt zu mosern*?, überlegte sie. *Ralf könnte meckern, aber doch nicht ich. Es war meine eigene Wahl, das Gymnasium zu verlassen. Jetzt muss ich damit leben. Hör auf, dich wie ein Baby zu benehmen.*

9. KAPITEL
Die erste Liebe

Nachdem Ralf entlassen wurde, zog er mit seiner Freundin zuhause aus. Gina war traurig, denn nun war sie alleine. Britta war ja schon lange weg und nun auch Ralf.

Im Ort fand das jährliche Jugendfest statt und Gina, inzwischen 15 Jahre alt, durfte hingehen. Sie freute sich sehr, auch wenn sie fürchtete, dort alleine zu sein.

Ihre Befürchtungen waren aber unbegründet. Sie traf dort einen netten jungen Mann mit wunderbaren Augen, er hieß Kurt. Die beiden freundeten sich an und Gina bekam ihren ersten Kuss.

Sie war glücklich – bis zu dem Tag, an dem Mama die beiden zusammen sah.

„Was willst du mit so einem Jungen? Beende das und zwar umgehend, der ist viel zu jung für dich!", befahl sie Gina. Und Gina gehorchte. Wie immer war sie bemüht, es der Mama recht zu machen.

Kurze Zeit später lernte sie Ralfs neuen Freund Alois kennen, einen in ihren Augen schon ziemlich alten Mann. Doch er machte Gina den Hof, und sie erlag nach kurzer Zeit seinen Schmeicheleien. Dass er nur das Einc wollte, war Gina nicht klar. Sie war eben nicht gerade mit Intelligenz gesegnet. Als Kurt ihre Turtelei mitbekam, trennte er sich von Gina.

Es schmerzte Gina, aber so konnte sie zumindest den Wunsch der Mama erfüllen. Auch Kurts Mama war von ihrer Beziehung nicht begeistert gewesen. Dies lag wohl am Ruf der Familie Krämer im Ort.

Immer mehr und heftiger drängte Alois nun die junge Gina, mit ihm zu schlafen.

Zunächst blieb sie standhaft. Mit der Zeit bekam sie mit, dass fast alle Mädchen in ihrer Klasse mehr oder weniger regelmäßig mit Männern ins Bett gingen.

Es kam, was kommen musste. Gina durfte bei Ralf und seinem Freund Alois übernachten. In dieser Nacht geschah es. Gina verlor ihre Unschuld. Dies allerdings auf schreckliche Art. Alois drang gewaltsam in sie ein, Gina empfand nur Schmerz und behielt diese Nacht für immer in ihrem Gedächtnis. Voller Sehnsucht wünschte sie sich in Kurts Arme, doch es war zu spät. Zu sehr hatte sie ihn verletzt.

Zumindest aber trennte sie sich von Alois.

10. KAPITEL
Eine schicksalhafte Begegnung

Zumindest in der Schule nun kein Außenseiter mehr, war Gina auf sich allein gestellt. Sie kannte jedoch viele ihrer neuen Mitschüler noch aus der Grundschule und fühlte sich darum nicht fremd. Kurt redete zwar mittlerweile wieder mit ihr, allerdings kamen sie nicht mehr zusammen.

Dann lernte Gina Tommy kennen, als er im Dorf seinen entlaufenen Hund suchte.

Da Veronika an einem Tic erkrankte, der es ihr unmöglich machte, die Augen offen zu halten, durfte Gina im Alter von 17 Jahren ihre Führerscheinprüfung in Angriff nehmen.

Tommy ließ Gina regelmäßig im Ort mit seinem Auto fahren. So kam es, dass Gina die Prüfung auf Anhieb bestand. Darüber war sie sehr stolz.

Aber das änderte sich schnell, denn Papa erkrankte schwer und Gina musste ihn von nun an immer zum Arzt bringen.

Der Anblick, wie der einst kräftige Mann immer mehr in sich zusammenfiel, schmerzte. Ungeheuer.

Das unvermeidliche kam und Papa starb an einem Samstag im Oktober.

Im folgenden Sommer gaben sich Gina und Tommy das Jawort.

Eine für Gina unglückliche Ehe begann. Allerdings hatte sie das Glück, zwei gesunde Kinder empfangen zu dürfen. Ein wirklicher Glücksfall. Die Kinder waren ihr Sonnenschein.

Tommy entpuppte sich als Schläger, er verteilte gerne Ohrfeigen. Gina, an Prügel gewohnt, wertete dies zunächst als Beweis seiner Liebe. Hatte nicht auch Veronika von Liebe geredet, wenn sie Prügel bekam? Immer öfter in der Nacht bekam sie den seltsamen Besuch.

Sie begann ihren Mann zu fürchten. Nirgends wagte sie mehr hinzugehen, denn jeder kleine Anlass verursachte heftige Panikattacken. Diese setzten ihr so zu, dass sie schweißnass werden konnte.

Zunächst fand sie nach den Prügeln wieder Trost. Das aber änderte sich, zumal die Prügel so heftig wurden, dass sie Verletzungen erlitt. Als Tommy sich auch an den Kindern verging, reichte sie die Scheidung ein. Die Kinder blieben bei ihr - Tommy waren sie sowieso eine Last.

Schnell suchte er sich eine neue Frau. Gina war dies egal. Sie hatte noch jahrelang mit Panikattacken zu kämpfen, bevor sie diese mit viel Selbstdisziplin zurückdrängen konnte.

Mittlerweile war Kurt nicht mehr böse mit ihr. Sie wurden einfach gute Bekannte. Ansonsten blieb Gina alleine. Nicht zuletzt, weil die Angst hatte, nochmal den Falschen zu erwischen.

Leider gewöhnte sich Gina in dieser Zeit an, abends ihren Kummer in einem Glas Wein zu ertränken. Mit der Zeit reichte ein Glas nicht mehr aus. Es wurde mehr Alkohol benötigt, um den Kummer zu vergessen. Dass sie damit ihr weiteres gesundheitliches Schicksal in eine schlimme Richtung lenkte, ahnte Gina leider nicht.

Reset

1. KAPITEL
Es geschieht Unvorhergesehenes

Der Tag begann wie viele davor. Nur sein Ende würde Ginas Leben auf den Kopf stellen.

Gina saß mit ihren Kindern beim Abendessen. Gegen 18 Uhr wunderten sich die Kinder darüber, dass sie ihre Gabel nicht mehr halten konnte und anfing, undeutlich zu reden. Da stimmte etwas überhaupt nicht! Sie hatten den Verdacht, dass ihre Mutter vielleicht einen Schlaganfall erlitten hatte. Darum riefen sie den Rettungsdienst.

Noch hatte Gina, welche dies mitbekam, die Hoffnung, die Kinder könnten sich irren. Doch ihre Hoffnung wurde von den Sanitätern und dem eintreffenden Arzt gnadenlos zerstört, die ernsthafte Gesichter machten und darauf bestanden, sie ins Krankenhaus zu bringen. Sie wurde mit dem Rettungswagen eingeliefert.

Wie sie ins Krankenhaus gelangte und was dort geschah, konnte sie später nicht mehr sagen, denn ihre Erinnerung daran war nur ein schwarzes Loch.

Das erste Bild, das ihr im Krankenhaus vor Augen kam, war ein Arzt im weißen Kittel, der sich an ihr Bett setzte.

„Die Patientin hat einen Herzstillstand erlitten und musste wiederbelebt werden", hörte sie den Arzt zur Krankenschwester sagen. „Es ist ein Wunder, dass sie überlebt hat."

Staunend hörte sie diese Worte an. Nur jeder zehnte Patient überlebt eine Reanimation – meldete sich da ihr Glück zurück? Aber als Folge des Schlaganfalls war sie nun auf der linken Seite komplett gelähmt.

Sagtest du Glück? Unfug! Du bist bescheuert, schalt Gina sich selbst. *Du bist gelähmt! Wo soll da ein Glück sein?*

Nur langsam kam ihr zu Bewusstsein, was das bedeutete: linksseitig gelähmt. War das ein böser Traum?

Ich bin doch nicht gelähmt, nein!, tröstete sie sich. Doch leider stellte sie nur zu bald zu ihrem Entsetzen fest, dass sie tatsächlich keine Kontrolle mehr über ihre linke Seite hatte. Weder der Arm noch das Bein wollten ihr gehorchen.

Sie reagierte wie viele Betroffene in so einem Fall, mit Verleugnung und Ablehnung. Aber das half alles nichts. Es war geschehen! Punkt!

Noch war Gina sich in keiner Form bewusst, was das für ihr weiteres Leben bedeutete.

2. KAPITEL
Die Wut

Da Gina nicht mehr in der Lage war zu essen oder auch nur zu trinken – es bereitete ihr sogar Schwierigkeiten zu atmen – wurde sie an Geräte angeschlossen und kam auf die Intensivstation.

Ihr einziger Trost dort waren die Besuche der Kinder. Darauf freute sie sich immer sehr. Die Kinder kamen täglich, das war toll! Sie hatte gute Kinder. In dieser Zeit erlebte sie allerdings auch, dass es hätte noch anders kommen können.

Auf derselben Station lag eine weitere Patientin, Frau Oblaus. Diese war körperlich total fit und lief immer wieder aus dem Zimmer.

Gina konnte nicht anders, sie entwickelte Neid. Obwohl es nichts zu beneiden gab, denn geistig war die arme Frau vollkommen durcheinander. Am

Ende schlug sie sogar nach ihren Kindern, wenn diese zu Besuch kamen.

Eines Tages trat die Tochter von Frau Oblaus an Ginas Bett und seufzte: „Ach, ich würde mir wünschen, meine Mama wäre wie Sie geistig noch hier!“

Tatsächlich war in Ginas Kopf noch alles in Ordnung, es war ja nur ihr Körper, der am Ende war. Aber Gina konnte dieses Gespräch nicht ertragen. Auch ihre eigene Tochter sagte des Öfteren, sie sei froh über den geistigen Zustand ihrer Mutter.

In Gina hatte sich jedoch in dieser gesamten Zeit ein gewaltiger Zorn über ihre ohnmächtige Lage aufgebaut, sie konnte so etwas einfach nicht mehr hören.

Nein! Ich bin nicht froh! Ich bin unendlich wütend und ich hadere mit Gott! (Und mit dem zu hadern ist nicht gerade klug!) *In der Welt bin ich ein Krüppel und werde das vielleicht für immer bleiben!*

Voller Wut herrschte sie die junge Frau an: „Lassen Sie mich in Ruhe! Verschwinden Sie endlich!"

Verdutzt über den Ausbruch verließ die Frau den Raum.

Gina schämte sich entsetzlich. So kannte sie sich nicht. Das war nicht sie selbst. Diese Wut begleitete sie aber noch eine geraume Zeit.

Erst als sie gelernt hatte (wir wissen noch, Lernen war für Gina ein Graus), ihr Schicksal zu akzeptieren, wie es nun einmal war, verging die Wut und machte einem anderen Gefühl Platz.

Bald wurde es Gina auf der Intensivstation langweilig. Mit Frau Oblaus konnte sie ja nicht gescheit reden. Öfters nach den Schwestern zu klingeln war auch keine gute Idee und wurde ihr bald, wohl zu Recht, verboten. Darum gewöhnte sie sich daran, dem regelmäßigen Piepen des Langzeit- EKGs zu lauschen.

Dies allerdings wurde auch zur Qual, denn sie ertappte sich dabei, Angst zu spüren, das Piepen könnte ausbleiben.

3. KAPITEL
Die Verzweiflung

Gina versank in tiefem Selbstmitleid. Die Tatsache, dass sie von nun an auf den Rollstuhl angewiesen war, beschäftigte sie ununterbrochen.

Eines Tages kam Herr Jenke zu ihr. Er war einer ihrer Therapeuten, genauer gesagt, ihr Logopäde. Er versuchte, ihr das Sprechen wieder neu beizubringen. Als gesunder Mensch kann man sich wohl kaum vorstellen, wie schwer das für einen Schlaganfallpatienten sein kann – schier unmöglich.

Bei den Ärzten und Schwestern war Gina beliebt. Alle waren bemüht, es ihr angenehm zu machen.

Am nächsten Tag musste Gina in den Keller zur Untersuchung. Das Aufzugfahren machte ihr große Angst. Schon immer war Gina ein ängstlicher Mensch gewesen, doch die Misshandlungen ihres Mannes hatten sie endgültig zerbrochen und ließen sie in vielen Situationen in Panik geraten. Aber der Arzt machte ihr ein verlockendes Angebot.

„Ich fahre mit und ich werde Ihre Hand halten“, versprach er. Genau in diesem Augenblick öffnete sich Ginas Tür.

„Meine schwarzen Augen werden jede Minute über Sie wachen“, ergänzte Herr Jenke, der Schelm!

Aber beide hielten ihr Wort!

Das Sprechen lernte Gina langsam wieder, genau wie das Essen. Aber immer wenn sie etwas sagte, kam ein ungläubig staunender Logopäde in ihr Zimmer. Er war erfreut über ihre Fortschritte. Ebenso der Arzt, der mit Ginas Ableben gerechnet hatte.

„Ehrlich gesagt, hatte ich nicht erwartet, dass Sie überhaupt durchkommen“, gab er zu.

Mit dem Bewegen der Arme und Beine machte Gina aber keine Fortschritte. Nach wie vor war sie unfähig, diese zu kontrollieren.

Zur Verteidigung ihrer Therapeuten muss man jedoch anmerken, dass Gina diese Therapien, wenn überhaupt, immer nur mit halbem Herzen ausführte, weil sie so schmerzhaft waren. Wann immer es ging, drückte sie sich. Ein böser Fehler, der sich bitter rächen würde.

4. KAPITEL
Schwester Sari und die Kamele

Eines Tages, als Gina sich mal wieder über ihre andauernden Schmerzen beschwerte (Gina war wirklich ein schwieriger Patient), trat Schwester Sari in ihr Zimmer. Sie meinte schmunzelnd: „Sie dürfen sich nicht mehr über Schmerzen beklagen. Ich kenne einen Scheich, der mir 40 Kamele für Sie geboten hat. Wenn der hört, dass Sie sich dauernd beschweren, zieht er sein Angebot zurück. Ich will doch bald heiraten und brauche noch eine Aussteuer."

Gina brach zum ersten Mal nach ihrem Schlaganfall in schallendes Gelächter aus. „Sie müssen mindestens 80 für mich verlangen! Sie können mich doch nicht einfach so verhökern!", ging sie auf das Spiel ein. So lange Gina im Krankenhaus lag, spielten sie und Schwester Sari nun jeden Tag dieses lustige Spiel miteinander. Immer erklang ihr fröhliches Gelächter über den Flur.

Bei Ginas Entlassung weinte Sari bittere Tränen. Sie war traurig, aber natürlich wünschte sie Gina von Herzen alles Gute.

5. KAPITEL
Die Diagnose

Bei der Entlassung las sich Gina den Arztbrief mit ihrer Diagnose durch. Dort stand:

Epilepsie nach Apoplex mit spastischer Hemiplegie links

Organisch-affektive Störung mit ausgeprägter ängstlicher depressiver Symptomatik

Dysarthrie

Arterielle Hypertonie

Herzwandaneurysma

Neurologischer Neglect

Natürlich verstand sie kein Wort. Also befragte sie Doktor Google und bekam eine Menge hässlicher Antworten.

Kurz gesagt: Sie war am A…

6. KAPITEL
Endlich daheim

Gina war entsetzt über das, was sie in ihrem Arztbrief gelesen hatte. Dennoch freute sie sich, wieder zu Hause zu sein.

Nun kamen Therapeuten zu ihr nach Hause, um mit ihr Übungen zu machen. Allerdings verspürte Gina noch immer keine Lust, sich mit den äußerst schmerzhaften Übungen zu quälen.

Stattdessen löcherte sie die Therapeuten mit Fragen.

„Wann kann ich endlich wieder laufen?“, wollte sie wissen.

Diese Frage konnte ihr jedoch niemand beantworten. Es kam sogar schlimmer: Zu ihrer Enttäuschung fing sie sich ein „Vielleicht wird es nie wieder gut“ ein.

Ein Schlag in die Magengrube!

Noch immer hatte sie diese Sache nicht verkraftet.

Noch immer war sie manchmal unwirsch zu ihren Mitmenschen. Sie hasste sich selbst dafür.

7. KAPITEL
Der Kampf beginnt

Es wird vielleicht nie mehr gut.

Diese Worte des Therapeuten gingen Gina nicht mehr aus dem Kopf heraus. Sie gaben ihr sogar den Schwung, etwas zu unternehmen. Von nun an zog sie die Übungen mit ihrem gelähmten Bein durch. Allerdings ohne Erfolg. Es bereitete ihr nur Schmerzen. Immer wieder wollte sie aufgeben. Aber dann fragte sie sich: *Will ich wirklich den Rest meines Lebens untätig im Bett verbringen?*

Die Antwort war ein fettes: *Nein!*

Darum machte sie tapfer weiter.

8. KAPITEL
Glück

Am nächsten Tag bei ihrer Therapie hörte sie einen Satz, der sie glücklich machte: „Dein Bein gehört wieder dir!“

Hatte der Therapeut dies wirklich gesagt? Sie bemerkte nichts davon. Noch immer spürte sie ihre linke Seite nicht. Aber diese Gedanken ließ sie nun nicht mehr zu. Auf keinen Fall. Sie würde es schaffen und sie würde eines Tages wieder auf ihren Beinen stehen und ein normales Leben führen. Die Schmerzen musste sie in Kauf nehmen.

Nun verbrachte sie auch viele Stunden im Internet. Auch dort war das Glück ihr hold. Sie lernte eine liebenswürdige Schwedin kennen. Ihre Verwandten waren alle tot. Papa hatte sie an den Krebs verloren, die beiden Geschwister sowie die Mama an den Zucker. Davon blieb Gina allerdings verschont.

Nun ist der Schlaganfall sieben Jahre her. Jahre, die schlimm waren. Noch immer hat sich Ginas Traum nicht erfüllt. Laufen oder ein normales Leben führen konnte sie noch immer nicht. Aber sie gibt die Hoffnung nicht auf. Sie arbeitet jeden Tag unermüdlich an sich.

Dafür, dass Menschen aus ihrem Leben verschwunden sind, hat sie tolle neue Menschen gefunden. Mittlerweile ist sie auch glückliche Oma. *Der Tag wird kommen, an dem ich mit den Kleinen zum Spielplatz gehen kann,* das weiß sie. *Das steilste Stück des Berges habe ich schon erklommen: Wut, Verzweiflung und Selbstmitleid habe ich aus meinem Leben verbannt. Nur die Gewissheit, gesund zu werden, zählt! Ich werde gesund werden!*

Alles und woher?

1. KAPITEL

Aus und vorbei?

Sie erwachen und stellen entsetzt fest:

Es ist kein Albtraum, aus dem Sie nun erwacht sind.

Nein.

Es ist grausame Realität.

Ein mehr oder minder schwerer Schlaganfall hat Ihnen heimlich wie ein Dieb über Nacht Ihren halben Körper geraubt.

Sie toben.

Sie hadern.

Aber alles umsonst.

Sie haben nur noch einen nutzbaren Arm und ein nutzbares Bein. Grausam gesagt, ein halber Mensch.

Ein schweres Schicksal.

Sie sind verzweifelt und niemand versteht Sie. Viele vermeintliche Freunde wenden sich herzlos von dem Krüppel ab.

Sie können es weder fassen noch begreifen.

Aber Sie können dennoch etwas tun. Eigentlich sogar mehrere Dinge.

In Selbstmitleid versinken.

Mit Gott und der Welt streiten. Alle um Sie herum, zumindest die, die Ihnen geblieben sind, verärgern und von sich stoßen.

Oder aber Ihr Los akzeptieren und nichts dergleichen tun.

Oder Sie weinen sich einfach mal gründlich aus und fangen an, Ihr Leben neu zu gestalten.

Die einzig gute Lösung. Sie müssen Ihr Leben nun neu beginnen. Und fragen Sie sich mal, wer von uns Menschen jemals die Chance hat, sein Leben neu zu beginnen? Auch wenn Sie vielleicht nicht mehr blutjung sind, lohnt es sich auf jeden Fall, neu zu beginnen! Starten Sie noch heute!

Also auf.

Nehmen Sie diese einmalige Chance wahr. Sie wurden auserwählt. Los geht es!

Jetzt denken Sie sicher: „Spinne du nur weiter, Trixie, aber lass mich in Ruhe!“

Ihr gutes Recht, aber fragen Sie sich bitte auch, was Sie zu verlieren haben?

2. KAPITEL

Das neue Ich

Verabschieden Sie sich von Ihrem alten Ich. Das ist an dem Tag des Schlaganfalles gestorben. Nun müssen Sie von vorne beginnen.

Sorry, aber in dieser Lage haben Sie keine Alternative. Sie müssen den Kampf gegen sich selbst beginnen. Ein sehr schwerer Weg liegt vor Ihnen, und auf diesem Weg werden Sie stolpern, straucheln und auch hinfallen.

Werden Sie aufstehen und weiterkämpfen? Es wird der schwerste Kampf Ihres Lebens, denn Sie bekommen es mit dem härtesten Gegner zu tun, nämlich sich selbst, und mehr als einmal werfen Sie eine Felswand auf sich.

Blessuren sind an der Tagesordnung, blaue Flecken Normalität. Aber die Belohnung wird episch sein.

Frage an Sie: Geben Sie Ihrem Schlaganfallgegner freie Hand? Lassen Sie ihm wirklich diese Genugtuung? Nein, machen Sie das nicht.

Malen Sie sich aus, wie schön der erste Spaziergang mit ihrem treuen Hund wird. Ist das nicht ein herrlicher Traum? Doch, ist es! Nur Sie haben es in der Hand, Ihren Traum wahr werden zu lassen. Zeigen Sie sich selbst den Mittelfinger, drehen Sie sich eine lange Nase. Sie werden wieder auf Ihren eigenen Beinen durch Sommerwiesen laufen, sich am Vogelgezwitscher erfreuen und eine wunderbare Zeit erleben.

Los, auf!

Überwinden Sie den inneren Schweinehund, der nur schwarz sieht, verzweifelt ist und einfach keinen Bock hat.

Sie haben Bock.

Sie gewinnen diese Schlacht ihres Lebens.

3. KAPITEL

Kapitulation

Nun vergeht die Zeit und Sie haben das Gefühl, keine Kraft mehr zu haben.

Tja, so ein Pech aber auch. Dann bleiben Sie ein Pflegefall und verpassen die Chance Ihres Lebens.

Ihre Entscheidung.

Niemand wird für Sie in diese Schlacht ziehen. Sie haben keine Soldaten, aber Sie haben Mitkämpfer, Ihre Therapeuten, und das sind nun Ihre wertvollsten Verbündete, Ihre Freunde, einfach unbezahlbar.

Gemeinsam mit Ihnen ziehen sie los. Auch diese Menschen wollen siegen. Ihr Ziel ist es, Sie wieder auf die Beine zu stellen. Helfen Sie ihnen und vor allem: Helfen Sie sich selbst. Sie haben die Macht, Ihre Lage zu verbessern. Ziehen Sie sich am Schopf aus dem tiefen Loch. Nur *wollen* müssen sie es.

Fragen Sie sich immer wieder, ob die Aussicht auf einen Spaziergang nicht alle Mühe wert ist?

Ich verstehe Sie. Ihre Batterie ist leer. Sie haben es satt, immer zu hören: „Sei dankbar, dass du noch lebst."

Sie denken: „Ihr Armleuchter! Versucht ihr doch mal, auf einem Bein zu laufen, zu tanzen, zu springen oder euch mit einer Hand gründlich zu waschen, zu kochen!"

Selbst die für nicht behinderte Menschen selbstverständlichen Handlungen sind schier unmöglich. Sie sind ja dankbar, aber Sie verzweifeln an der Aufgabe, die vor Ihnen liegt. Die Besteigung eines Berges mit einem Bein und einer Hand – es ist nicht zu bewältigen. Nun stehen Sie an diesem Punkt und kommen nicht voran.

Eine Möglichkeit ist: Geben Sie auf, setzen Sie sich ins Eck. Machen Sie nichts. Dann wird sich schnell etwas ändern. Sie werden vollends verzweifeln und in Gottes Reich einkehren. Was, das wollen Sie nicht? Dann ziehen Sie sich aus dem Loch! Zeigen Sie, dass Sie sich nicht so einfach geschlagen geben. Sprechen Sie mit Ihren Therapeuten. Erzählen Sie ihnen Ihre Träume. Bitten Sie um Hilfe.

Gute Therapeuten helfen Ihnen. Sie arbeiten zusammen an der Verwirklichung. Leben Sie für die Menschen, die Ihnen geblieben sind. Leben Sie für die, die noch kommen. Zum Beispiel: Enkelkinder. Leben Sie für sich. Leben Sie für ein Wunder.

Glauben Sie, denn der Glaube hilft Ihnen. Kämpfen Sie. Zeigen Sie allen, was in Ihnen steckt. Überraschen Sie Ihre Umwelt. Wachsen Sie jeden Tag ein Stückchen weiter. Das Wunder wird geschehen! Vielleicht nicht heute oder morgen, na und? Dann eben, wenn die Zeit reif ist. Egal.

Sie werden wieder laufen, rennen und springen. Einfach glücklich sein. Und das Gefühl ist es wert, darauf zu warten. Erfreue Sie sich in der Wartehalle an Ihren Träumen, was alles geschieht, wenn für Sie die schwarz karierte Zielflagge geschwenkt wird, und darauf müssen Sie jeden Tag, jede Stunde, jede Minute einfach immer hinarbeiten. Ein Rennfahrer gewinnt auch kein Rennen in der Boxengasse.

4. KAPITEL

Teilerfolge

Eines Tages wird der Therapeut zu Ihnen sagen: „Ihr Bein wird immer besser. Es trägt schon viel Gewicht von Ihnen."

Sie sind glücklich, aber nur zum Teil, denn das ist nicht die Erfüllung Ihres Traumes. Sie wollen mehr. Und wenn Sie weiter marschieren wie ein unverwundbarer Zinnsoldat, wird Ihr Traum in Erfüllung gehen.

Aber denken Sie mal nach. Im Supermarkt stehen Sie geduldig an, ebenso an der Wursttheke oder der Käsetheke an der Kasse. (Um Ihr weniges Geld einem Konzern in den Rachen zu werfen, der Millionen scheffelt). Aber mit sich selbst wollen Sie keine Geduld haben? Sie kleines bockiges Kind! Werden Sie erwachsen. Sehen Sie die Erfolge, die Sie schon erreicht haben und leben für die, die es noch zu erreichen gilt. Machen Sie weiter. Sie sind nicht allein. Schreiben Sie alles, was Sie geschafft haben, mit dem Datum des Erreichens auf und schreiben

Sie Ihre weiteren Ziele auf. Führen Sie eine Art Erfolgstagebuch sowie ein Wunschtagebuch. In dieser Beziehung werden Sie wieder jung. Lesen Sie sich beide Bücher immer wieder laut vor. Lassen Sie Ihre Lieben auch daran teilhaben. Lesen Sie es zusammen!

Lange Rede, kurzer Sinn: Kämpfen und leben Sie! Werden Sie glücklich!

Eines Tages kommt Sarah (Ihre Enkeltochter) zu Ihnen mit den Worten: „Habe ich eine coole Oma (oder Opa)! Evas Oma macht nichts. Ich bin so stolz auf dich!"

Dabei glänzen ihre wunderbaren Augen.

Jetzt wissen Sie, wozu Sie die ganze Zeit gearbeitet haben, vielleicht viele Schmerzen ertragen haben, oft verzweifelt waren. Eben um so tolle unbeschreiblich schöne Momente noch erleben zu dürfen.

Und wenn Sie ehrlich zu sich selbst sind, war es all die Mühe wert. Kein trauriger Moment trübt mehr dieses Glück!

5. KAPITEL
Glück

Noch sind Sie nicht im Ziel. Sie müssen noch immer kämpfen, werden Rückschläge ertragen müssen. Einzelne Schlachten verlieren. Aber Sie als Kämpfer haben die Kraft, sich immer wieder aufzurichten, und die glänzenden Augen Ihres Enkelkindes, wenn es bei Ihnen ist, sind Ihre Belohnung! Oder haben Sie vielleicht schon mehrere Enkel?

Auch wenn das noch nicht der Fall ist, es wird geschehen. Eines Tages. Gedulden Sie sich. So eine Wiedergeburt, wie Sie diese erleben dürfen, braucht ihre Zeit. Wenn der Mut Sie mal wieder verlässt, sprechen Sie mit den Therapeuten. Lesen Sie Ihre Bücher. Bauen Sie sich auf. Sperre Sie die negativen Gedanken tief in den dunklen Keller. Lassen Sie sie niemals über sich herrschen. Sie haben vielleicht noch keine endgültige Kontrolle über Ihre Gliedmaßen, aber Sie haben die Kontrolle über Ihre Gedanken und die negativen haben Hausverbot für alle Zeiten.

Nichts Negatives in Ihr Leben lassen. Immer in die herrliche Zukunft schauen, die Ihnen zu Füßen liegt.

Ja, ich weiß, nun denken Sie: „Trixie, du spinnst.“

Darauf kann ich Ihnen aber sagen, nur mit meiner Einstellung ist es mir (auch dank hervorragender Ärzte) gelungen, dem für mich eigentlich sicheren Tod ein Schnippchen zu schlagen.

Mittlerweile kann ich sogar wieder alleine sitzen und stehen. Das Laufen klappt leider noch nicht, aber auch dies gelingt mir, ich bin sicher und voller Zuversicht. Komm, machen Sie es mir nach.

Auch Sie kommen an Ihr Ziel, Krieger! Ich jedenfalls bin sehr glücklich über mein neues Leben. Ich freue mich über jeden neuen Tag, den ich zu erleben das Privileg habe. Ich liebe jede Minute, einfach alles. Mein altes Leben hat zwar mit dem Schlaganfall ein jähes Ende gefunden, aber ein neues hat begonnen und ich bin dankbar, noch so viel Schönes erleben zu dürfen. Ich bin mehr als zufrieden mit meiner neuen, manchmal aufregenden Welt. Besonders, wenn meine Enkel zu Besuch sind. Sie erfreuen mich überaus. Kämpfen auch Sie! Es wird Ihnen nichts geschenkt, aber es ist zu schaffen. Berichten Sie mir gerne von Ihrem Kampf, ich freue mich darauf. Ich bin in sozialen Netzwerken zu finden. Lassen Sie uns zusammen an unseren Aufgaben wachsen, nicht verzweifeln. Denn der aufmerksame Leser weiß, dass auch mein Kampf nicht beendet ist, aber ich werde ihn zu Ende führen und siegen, denn ich bin eine starke Frau, die niemals aufgibt. So sind Sie doch sicher auch?

Sollten meine Worte Ihnen Mut machen, freue ich mich natürlich sehr über eine positive Rückmeldung. Gerne versuche ich auch, Ihnen zu raten, natürlich ohne den berüchtigten Oberlehrer zu spielen.

Ich bedanke mich ganz herzlich für Ihre Aufmerksamkeit. Auf in den Kampf. Wir wollten das nicht, es kam hinterhältig und gemein und dazu wahrscheinlich ohne Vorwarnung über uns, aber es kam. Das können wir ohne Zeitmaschine nicht mehr ändern, oder gibt es einen begnadeten unter uns, der uns eine baut? Ich denke, alle würden wir sie nutzen und die Uhr zurückstellen? Ich zum Beispiel kenne meine Fehler, die ich ändern müsste. Aber wäre mein Leben dann besser verlaufen? Anders, ja. Besser, das weiß keiner. Also nehme ich es so, wie es ist, und ich bin glücklich über das, was ich habe.

Mit meinem neuen Leben habe ich Frieden geschlossen. Was ich noch nicht kann, werde ich noch erreichen. Ich bin stark und tapfer. So ein Schlaganfall besiegt mich nicht. Kämpfen wir gemeinsam weiter?

NACHWORT

Auch Sie, liebe Mitbetroffenen, können den Berg besteigen.

Es wird schwer, aber es ist möglich.

Zählen Sie jeden noch so winzigen Fortschritt!

Lassen Sie nur positive Gedanken zu!

Glauben Sie mir, auch Sie schaffen es!

Viel Erfolg wünscht Ihnen

Ihre Trixie

Gangrän – Nadines Geschichte

Von Trixie Josefine Krämer

Nadine tritt sie auf einer Entdeckungstour durch den afrikanischen Busch barfuß in einen Dorn - eine Lappalie. Doch die unscheinbare Wunde will nicht heilen. Ein hinzugerufener Arzt stellt einen Diabetes fest.

Die vorgeschlagene Behandlung schockiert Nadine und sie beschließt, ihren eigenen Weg zu gehen. Mit fatalen Folgen ...

Eine Erzählung nach einer wahren Geschichte.

Liebe am Abgrund

von Trixie Josefine Krämer

Silvia liegt die Welt zu Füßen, denn sie hat alles, was eine junge Frau sich wünschen kann: Ihr steinreicher und herzensguter Vater liest ihr jeden Wunsch von den Lippen ab.

Während eines eines Ausritts verliebt sie sich in den Stallknecht Dietmar mit der verzauberten Stimme. Es scheint die große Liebe zu sein. Bis der galante Frank auftaucht und sie in eine Welt aus Gala-Dinners und glänzenden Partys entführt. Selbst Papa ist begeistert: Der perfekte Heiratskandidat!
Oder ...?
Silvia muss eine Entscheidung treffen, die über ihre Kraft geht.

Ingram Content Group UK Ltd.
Milton Keynes UK
UKHW020815060623
422954UK00016B/1006

9 783755 770787